AF248091

JOSEPH DE LAVILLATTE.

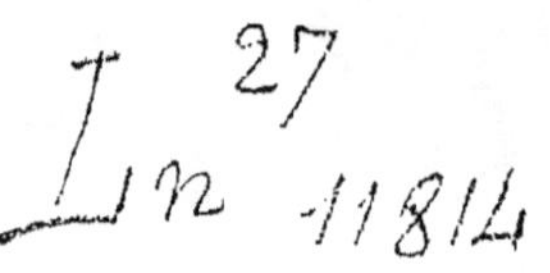

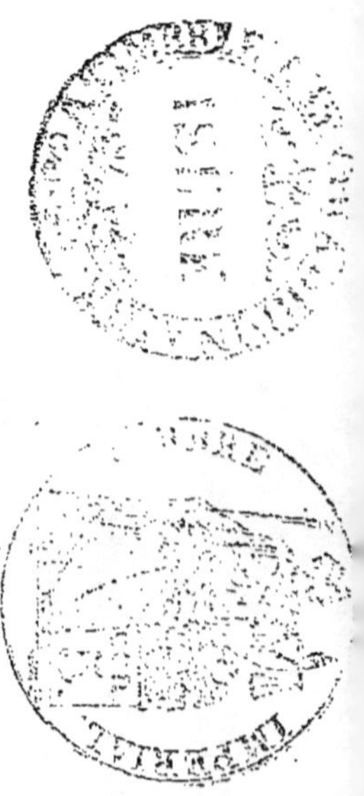

Grenoble. — Imp. Maisonville et fils, imprimeurs-libraires, rue du Quai, 8.

NOTICE BIOGRAPHIQUE

SUR

JOSEPH · DE · LAVILLATTE

ANCIEN OFFICIER SUPÉRIEUR DE LA GARDE ROYALE,

ATTACHÉ A LA PERSONNE DE Mgr LE DUC DE BORDEAUX, ETC.;

Par

F. de VAUGELAS.

GRENOBLE,

MAISONVILLE ET FILS, IMPRIMEURS-LIBRAIRES,

Rue du Quai, 8, vis-à-vis le Jardin de Ville.

1860.

NOTICE BIOGRAPHIQUE

SUR

JOSEPH DE LAVILLATTE

Par F. de VAUGELAS.

Chaque jour s'éclaircissent les rangs de ces rares
Français qui, nés sur la fin du siècle dernier, quelque
temps avant la Révolution, semblent avoir eu la mission spéciale de transmettre à notre âge le dépôt
glorieux de loyauté et d'honneur qu'ils ont reçu de
leurs pères.

Joseph de Lavillatte, dont le nom est synonyme de
fidélité, officier supérieur de la garde royale, attaché
à la personne de Mgr le duc de Bordeaux, officier de
la Légion d'honneur, chevalier de l'ordre de Saint-
Ferdinand d'Espagne de première classe, né le 17

juillet 1780, à Plauzat en Auvergne, est mort le 7 septembre 1858, dans le pays qui lui avait donné le jour.

Il appartenait à cette noblesse de province, plus connue des champs de bataille arrosés de son sang, que de la cour. Son père, ancien chevau-léger, successivement officier dans Royal-Cravate et dans l'armée de Condé, lui enseigna dès le berceau, par son exemple, le dévouement sans bornes au roi, représentation vivante de la patrie. Arrêté en 1797, comme émigré, la commission militaire de Clermont le condamna à être fusillé. Son fils, à peine âgé de dix-sept ans, eut la permission, la veille de l'exécution, de lui faire ses derniers adieux. Il se jette en pleurs aux pieds de l'auteur de ses jours, le supplie de changer de vêtements avec lui, étant à peu près l'un et l'autre de même taille, il le presse de s'évader. Ce n'est qu'à force d'instances, de prières et de larmes qu'il obtient la grâce qu'il sollicite. Trompé par cette ruse pieuse, le geôlier laisse sortir la victime destinée au supplice. Le lendemain, lorsqu'on vient la chercher pour la conduire à la mort, on ne trouve plus au fond du cachot qu'un adolescent à la place du guerrier dans la maturité de l'âge.

En ces temps de malheurs, où trop souvent la vertu subissait le châtiment du crime, cet acte touchant de piété filiale resta cependant impuni. M. de Lavillatte père, qui n'avait consenti à recouvrer sa liberté que pour rendre de nouveaux services à la sainte cause dont il était un des plus intrépides et des plus fervents défenseurs, arrêté une seconde fois, accusé d'être un des complices de Pichegru, fut étroitement renfermé au Temple. Son fils accourut implorer sa grâce de l'excellente Joséphine, cette autre providence des malheureux, au moment de son passage à Lyon. Elle ne put la lui faire accorder, mais, bonne et généreuse, elle apprécia ce beau caractère : elle voulut se l'attacher personnellement et l'admettre au nombre des officiers de sa maison. Une lieutenance des guides lui fut proposée ; les offres de la bienfaisante et gracieuse compagne du vainqueur des Pyramides et de Marengo étaient d'autant plus séduisantes, que la révolution, l'émigration, la longue détention de son père, laissaient Joseph de Lavillatte, sa mère et sa sœur dans un complet dénûment de fortune et que toutes ses inclinations, tous ses instincts le poussaient à la carrière des armes. Aussi touché que reconnaissant de ces offres, il les refusa, se croyant encore plus lié aux descendants de saint Louis et d'Henri IV, par cela même qu'ils étaient plus frappés par l'adversité.

L'instant approchait où, contre toute attente, ils allaient revenir, rentrer dans cette France formée, conquise pièce à pièce par leurs ancêtres, qui en avaient, suivant l'expression énergique d'un homme de cœur, tracé la carte de la pointe de leur épée.

A la sinistre clarté des flammes de Moscou, incendié de leurs propres mains, les Russes, vaincus et fugitifs, avaient vu la plus belle, la plus nombreuse, la plus brave armée qui fut jamais, périr de froid, dans une nuit, sur la neige, au souffle glacé des vents du Nord. Son chef, miraculeusement échappé, de retour à Paris, s'était aussitôt hâté de rassembler tous les hommes capables de porter le mousquet et le sabre, prévoyant qu'il aurait à soutenir le choc de toutes les nations de l'Europe soulevée. Épuisée par ses victoires autant que par ses revers, abandonnée, trahie par ses alliés, qui tournaient contre elle leurs armes, submergée sur tous les points de son territoire par le flot toujours croissant des soldats étrangers, privée de son empereur qui abdiquait la couronne à Fontainebleau, ayant tout à craindre des vainqueurs qu'elle avait si souvent vaincus, la France expirante accueillit comme le cri du salut celui de : *Vivent les Bourbons !* que Bordeaux et Paris firent entendre.

La chute du gouvernement impérial ramenait tout naturellement à la monarchie légitime. La famille dépositaire de la royauté depuis huit siècles, se trouvant placée entre l'Europe en armes et la France envahie, garantissait, pour l'une comme pour l'autre, par le principe qu'elle représentait, le repos et la sécurité qui leur étaient également nécessaires.

Joseph de Lavillatte fut un des premiers à pousser le cri de Bordeaux et de Paris, attristé, dans sa joie, que la voix de son père ne pût se joindre à la sienne. Dieu n'avait pas permis que cet infatigable serviteur des Bourbons fût témoin de leur retour, qu'il avait tant souhaité et qui l'aurait si amplement payé du sacrifice de sa liberté et de l'effusion de son sang. Transféré de la prison du Temple à Vincennes, il était mort au commencement de 1814 dans ce château fort, après avoir passé les longues années de sa captivité, soit dans la geôle d'où le Roi-Martyr était allé à l'échafaud pour monter au ciel, soit dans celle qu'avait traversée l'infortuné duc d'Enghien, pour tomber frappé de balles homicides, au fond d'un obscur fossé, non loin du château de ses pères.

Louis XVIII, en remontant sur le trône, désira s'entourer de la jeunesse française ; il fit un appel à sa fidélité. D'un bout du royaume à l'autre, toutes les familles tenant au sol, à l'industrie, à l'administration, à la magistrature, aux armes, lui envoyèrent un ou plusieurs de leurs représentants. On vit dans plus d'une des compagnies de sa maison militaire, sous le même drapeau, l'aïeul, le fils et le petit-fils. Là se trouvèrent réunis, par le même dévouement au roi, à la France, tant de futurs généraux, qui devaient plus tard ajouter à la gloire de nos armes en Afrique, en Crimée et en Italie.

Joseph de Lavillatte accourut des montagnes de l'Auvergne, suivi de braves et nombreux compatriotes confondant comme lui dans le même amour le prince et la patrie. Il entra avec eux dans la compagnie de Noailles. La franchise de son caractère, la joyeuseté de son humeur, l'élévation de ses sentiments, la cordialité de son langage, la bienveillante expression de sa sympathique figure, sa facilité à donner un coup d'épée et à tendre ensuite la main, lui concilièrent tout d'abord l'affection, l'estime de ses camarades et de ses chefs. Jamais la maison du roi n'avait réuni, à aucune époque, autant de jeunes hommes faits pour s'aimer et pour s'entendre. Aussi ne formaient-ils qu'une seule famille, se pressant avec respect autour de ces anciens gardes échappés aux fatales journées d'octobre et revenus de l'exil dans leurs compagnies respectives, pour y être des types accomplis de courtoisie, d'honneur et de loyauté.

Le bonheur dont ils jouissaient les uns et les autres, avec le reste de la France, heureuse d'être en possession de la paix et de la liberté qui lui avaient été si longtemps ravies, fut tout-à-coup troublé au commencement de 1815. Dans les premiers jours du mois de mars, le bruit se répand, et bientôt se confirme, que Napoléon a quitté l'île d'Elbe, qu'il a débarqué sur les côtes de Provence, et qu'il traverse les montagnes du Dauphiné. Pour le combattre et pour l'arrêter dans sa marche, il n'existait qu'une chance favorable : c'était de faire partir en poste la maison du roi, de sorte qu'elle précédât à Lyon l'arrivée de Napoléon. Les conseillers de la couronne n'adoptèrent pas ce parti, craignant de mécontenter l'armée, comptant d'ailleurs sur elle, ne soupçonnant pas le moins du monde l'entraînement irrésistible auquel allaient céder officiers et soldats en revoyant leur ancien général, qui puisait dans son retour un nouveau prestige. Toutes les troupes envoyées contre l'empereur, joyeuses de retrouver le grand capitaine qui tant de fois les avait conduites à la victoire, brûlant de se venger avec lui de leurs communs revers, volèrent auprès de sa personne et formèrent son avant-garde pour entrer dans les villes qu'elles avaient reçu ordre de fermer à son approche. Ses soldats, ivres d'allégresse, le portèrent, en quelque sorte, du golfe de Juan au palais des Tuileries. Le peuple, croyant voir marcher à sa suite la guerre civile et la guerre étrangère, resta, presque partout, muet et consterné sur son passage, comme s'il pressentait déjà les funestes combats de la Vendée et de Mont-Saint-Jean.

Abandonné de l'armée, réduit à sa maison militaire désespérée de ne pas verser pour lui jusqu'à la dernière goutte de son sang, l'auteur de la charte sort de Paris, qui lui prodiguait depuis le débarquement de Napoléon les plus touchants et les plus unanimes témoignages d'attachement. Son projet était de se tenir renfermé dans les murs fortifiés de Lille. La population de cette ville, ainsi que celle des départements du nord, était royaliste. Malheureusement, les dispositions, les manifestations hostiles de la garnison le contraignent à changer de résolution. Il se détermine à diriger ses pas vers la Belgique, où il ne veut être suivi que par un petit nombre d'officiers de sa maison. Les autres, sur l'ordre qu'il leur fait donner à Béthune, reviennent, non sans péril, dans leurs provinces.

Joseph de Lavillatte, qui aurait voulu, ainsi que tous ses compagnons d'armes, suivre le roi dans sa mauvaise comme dans sa bonne fortune, forcé d'obéir à l'ordre formel émané de lui, se mit à regret en route pour l'Auvergne.

L'entreprise de Napoléon n'aurait pu réussir qu'autant

que la guerre qu'elle recommençait serait devenue
nationale, et que les soldats de l'Europe, retournés
dans leurs foyers, auraient été disséminés dans les
différents États auxquels ils appartenaient. Elle devait
être infailliblement désastreuse et mettre le comble
aux malheurs de la patrie, s'effectuant quand la
France sortait à peine de cent batailles et de l'invasion, toute meurtrie, toute cicatrisée, et quand
ses frontières étaient couvertes encore des légions in-
nombrables de l'Europe coalisée. Rien au monde, sans
doute, n'eût été aussi grand, aussi glorieux que Napoléon et le peuple français, quelques mois seulement
après l'invasion; triomphant, avec les débris de pha-
langes décimées, des armées victorieuses de la Russie,
de l'Autriche, de l'Allemagne, de la Prusse, de la
Suède, de l'Angleterre et de l'Espagne réunies.

Mais ce rêve héroïque d'une ambition plus qu'hu-
maine, dépassant toutes les limites du possible, allait
se dissiper lamentablement, pour la France, aux champs
de Waterloo, et pour Napoléon, sur le rocher de
Sainte-Hélène.

Fatalement condamné, après la disparition du
captif de la perfide Angleterre, à subir des charges
accablantes, des conditions aussi dures qu'onéreuses,
conséquences odieuses et forcées d'une guerre, d'une
défaite, dont il n'était ni l'auteur ni la cause, ne pen-
sant qu'à retirer, qu'à sauver la France palpitante
des mains de l'Europe, Louis XVIII rentra dans sa
capitale escorté des fidèles serviteurs restés auprès de
lui ou venus à Gand pour le rejoindre.

A peine assis de nouveau sur son trône, il licencia la maison Rouge, et réduisit à quatre les six compagnies des gardes du corps, croyant devoir faire ce sacrifice à l'opinion libérale, offusquée de ce souvenir vivant de l'ancienne monarchie et de la réunion, autour du souverain, de tant d'hommes de cœur dévoués à sa personne.

La garde royale fut immédiatement instituée. Presque tous les officiers composant les compagnies supprimées y furent admis avec leur grade. Joseph de Lavillatte fut de ce nombre, quoique la compagnie de Noailles eût été maintenue. Né pour la guerre, doué d'une force herculéenne, d'un courage supérieur, élevé à braver tous les dangers, capable de supporter toutes les fatigues, toutes les privations, il ne tarda pas à réaliser le plus ardent de ses vœux. Désigné en 1823 pour l'expédition d'Espagne, il fut heureux d'aller dans la Péninsule combattre la révolution et lui arracher un roi captif qu'elle se préparait peut-être à immoler. A la tête de sa compagnie de grenadiers, dont il était adoré, il emporta le fort du Trocadéro. La croix d'officier de la Légion d'honneur, qu'il reçut sur le champ de bataille, de la main même de Mgr le duc d'Angoulême, récompensa dignement sa valeureuse et brillante conduite.

Il était, en 1827, capitaine commandant dans le troisième régiment de la garde. Charles X, inspiré par cet instinct paternel qui ne trompe jamais, et par les conseils du duc Mathieu de Montmorency, dont le cœur était plus noble encore que le nom, l'appela à faire partie des personnes chargées de l'éducation de Mgr le duc de Bordeaux. Il l'attacha tout particulièrement au service, à la garde de son auguste petit-fils. Nul ne méritait mieux et n'était plus capable de veiller à la conservation de ce dépôt sacré, si précieux pour la France et pour l'Europe, que celui qui avait commencé sa vie en sauvant celle de son père.

En sortant de son régiment, où il laissait autant d'amis dévoués que de camarades, pour remplir la mission de royale confiance qui lui était donnée, il ne cessa pas d'appartenir à l'armée, dans laquelle il conserva son grade.

Ne quittant jamais, ni le jour ni la nuit, le prince qui avait été à son berceau salué du nom d'*Enfant de l'Europe*, par les représentants de toutes les têtes couronnées, il contribua très-puissamment à développer en lui les éminentes qualités du cœur, qu'il avait si abondamment reçues de la nature. Ses soins obtinrent tout le succès qu'il pouvait ambitionner, ses espérances furent dépassées. Disant toujours la vérité au prince, ne le flattant en aucune occasion, il eut le secret de lui inspirer autant d'affection que d'estime et de confiance. Il n'usa du crédit qu'il tenait de sa position et de la bienveillance de tous les membres de la famille royale, que pour appeler sur les pauvres habitants des montagnes de l'Auvergne les dons et les bienfaits que la maison de France se plaisait à prodiguer aux indigents. Il recherchait ses compatriotes malheureux, afin de les faire secourir, avec le même empressement que d'autres mettent à les éviter.

Joseph de Lavillatte, ne partageant point les illusions de la plupart de ceux au milieu desquels il se trouvait, vit instinctivement, avec effroi et douleur, l'avénement du prince de Polignac au ministère. Au moment où le comte de Bourmont s'éloignait de la cour et allait prendre le commandement de l'armée qui devait si noblement venger la France, l'Europe, la chrétienté tout entière, des pirates d'Alger : « Monseigneur, » dit Lavillatte au chef de l'expédition, « à la tête d'une armée française, « vous marchez à la victoire ; mais vous nous laissez « ici sur les bords d'un abîme. » — « Soyez tranquille, répondit le futur vainqueur de la Kasbah, qui ne devait rapporter du plus beau des triomphes que l'exil et les restes d'un fils mort en héros, « on m'a promis de ne rien faire pendant mon éloignement. »

Les appréhensions, les craintes d'un coup d'état, généralement répandues, étaient malheureusement trop fondées ; elles touchaient au moment de se réaliser. Ce projet était décidé dans l'esprit du premier ministre. La prise d'Alger en hâta l'exécution. La froideur avec laquelle ceux qui s'étaient constitués les implacables ennemis des Bourbons accueillirent cette victoire, la seule qu'aient pu applaudir sans aucune réserve la civilisation, l'humanité et la religion ; leurs efforts criminels et incessants pendant la lutte pour l'insuccès de nos armes, la publication coupable d'écrits quotidiens indiquant au Dey les points d'attaque et de défense, avaient révélé la haine invétérée, toujours croissante, de ce parti dont les chefs étaient allés, en 1815, mendier dans le camp ennemi un souverain étranger. Ces manifestations anti-nationales, aussi claires qu'odieuses, ne permettaient pas le plus léger doute sur la détermination prise, arrêtée par ce parti, de recourir sous le moindre prétexte à l'insurrection. On ne tint aucun compte de ces symptômes, et les fatales ordonnances de Juillet furent rendues sans que l'on eût même songé à prendre les mesures propres à en assurer l'exécution.

La force armée, chargée de ce soin redoutable, d'où dépendait le sort de la monarchie, ne se composait pas même des troupes formant en temps ordinaire la garnison de Paris. Des détachements de la garde royale, qui en faisaient partie, avaient été distraits et envoyés en Normandie, à l'occasion de ces effrayants et mystérieux incendies, dont les auteurs sont restés inconnus. Le fidèle général Coutard, commandant la première division militaire, était absent. Le préfet de police de Paris, dont le concours était si nécessaire, si indispensable, n'avait reçu aucune communication, aucune instruction. Le commandement supérieur des troupes était entre les mains du plus malheureux, du plus impopulaire des généraux. Ce fut lui qui, sans avoir été prévenu de leur publication, fut chargé de l'exécution de ces ordonnances, qui n'avaient été signées qu'à contre-cœur par les collègues du premier ministre, et qui étaient de nature à soulever les répulsions des générations nouvelles, entrées avec la Restauration dans la pratique de la vie politique. Ceux qui préparaient depuis plusieurs années, avec tant de persévérance, la chute de la royauté légitime, n'auraient pu rien faire de mieux pour l'opérer infailliblement. Aussi, trois jours suffirent au renversement du plus antique trône de l'univers, au bannissement de trois générations royales, à la création d'un nouveau trône et à la nomination d'un roi, qui était bien loin de penser qu'après avoir accepté la couronne, ravie à un orphelin, son neveu, il serait, quelques années plus tard, providentiellement dépouillé de cette couronne, par l'insurrection triomphante qui la lui avait donnée.

Moins étonné qu'affligé de ces déplorables événements, au moment où la France, guérie de ses profondes blessures, reprenait à l'extérieur son ascendant glorieux, et entrait à l'intérieur dans une ère progressive de grandeur et de prospérité inconnue jusqu'alors, Joseph de Lavillatte accompagna les descendants de Louis XIV sur la terre étrangère ; il suivit le duc de Bordeaux en Ecosse et en Allemagne ; il demeura attaché à sa personne tant que son auguste aïeul le jugea nécessaire. La mission qu'il avait reçue et dont il s'était si bien acquitté étant terminée, Charles X rendit le loyal serviteur à sa sainte mère, à sa chère compagne, à sa fille bien-aimée, son unique enfant, qu'il n'avait pas revues depuis son exil volontaire. Il revint en Auvergne, emportant avec lui l'amour et la reconnaissance du jeune prince auprès duquel il restait de cœur, et la douce satisfaction d'avoir accompli tous ses devoirs. Retiré sous le toit de ses pères, sa vie s'écoulait au sein de sa famille, entre les actes de bienfaisance auxquels il se livrait, les souvenirs toujours présents des jours passés auprès de Mgr le duc de Bordeaux, et les vœux incessants qu'il formait pour le bonheur de la France. Il ne pouvait se lasser de parler de ce digne petit-fils de saint Louis, dont la belle figure rend visible aux yeux l'âme, plus belle encore, de ce prince qu'il est impossible de voir sans éprouver pour lui le plus tendre, le plus respectueux attachement; de cet héritier de tant de rois, dont le regard sympathique pénètre jusqu'au fond du cœur, dont le langage est si français, si bourbon, si bienveillant, et les malheurs aussi peu mérités que magnanimement supportés.

Rien n'était touchant comme de voir cet ancien officier supérieur, vrai modèle de l'homme de guerre, rappelant un chevalier du moyen-âge, au milieu d'indigents et de malades, administrant aux uns des secours, aux autres des remèdes, à tous des consolations. Celui qui écrit cette trop incomplète notice ne saurait dire à quel point il fut ému quand il surprit, à Plauzat, cet excellent ami, revenu depuis peu d'Allemagne, soulageant un pauvre vieillard presque aveugle, et lui baignant les yeux d'une eau qu'il avait composée lui-même. Le soldat intrépide s'était fait la sœur de charité de son village. Des larmes d'attendrissement et de bonheur humectaient sa martiale figure, lorsqu'il lui parvenait des souvenirs de Froshdorff ou de Venise. Des lettres semblant avoir été dictées par l'esprit et le cœur d'Henri IV, honorant encore plus, s'il était possible, le prince qui les écrivait que le serviteur dévoué qui les recevait, le rendaient justement heureux et fier. Jeune encore d'esprit, de corps, d'âme surtout, quoique âgé de 78 ans, il est allé recevoir dans le ciel le prix de ses vertus. Ainsi que les anciens preux, dont il avait la foi et la loyauté, la vigueur et la vaillance, il est mort comme il avait vécu, fidèle à Dieu et à ses serments, sans peur et sans reproche.

Entouré, à ses derniers moments, de sa digne compagne, de sa fille chérie, de son fils adoptif, héritier de tous ses sentiments, d'amis éprouvés, d'une population reconnaissante, une seule consolation, celle qu'il souhaitait le plus, celle que lui ravissait l'exil de son maître, a manqué à la dernière heure de ce fidèle serviteur. Mais la plus douce, la plus glorieuse récompense a couronné sa noble carrière. Il a été regretté, pleuré, loué, ainsi qu'il le méritait, du prince, objet de son culte jusqu'à son dernier soupir, qui, en parlant de lui avec l'accent de l'affection la mieux sentie, l'appelait et l'appellera toujours, son *bon*, son *brave* Lavillatte!